ikigo c' amashure - school	2
urugendo - reis	5
gutwara abantu n' ibintu - transport	8
igisagara - stad	10
imisozi - landschap	14
resitora - restaurant	17
supermarshe - supermarkt	20
inyobwa - drankjes	22
infungugwa - eten	23
ubwororero - boerderij	27
inzu - huis	31
isaro - woonkamer	33
igikoni - keuken	35
ubwogero - badkamer	38
icumba c' umwana - kinderkamer	42
impuzu - kleding	44
ibiro - kantoor	49
ubutunzi - economie	51
imirimo - beroepen	53
ibikoresho vy' ubwubatsi - werktuigen	56
ivyuma vyo gucuraranga - muziekinstrumenten	57
iratiro ry' ibikoko - zoo	59
siporo - sporten	62
imirimo - activiteiten	63
umuryango - familie	67
umubiri - lichaam	68
ibitaro - ziekenhuis	72
irijanse - noodgeval	76
isi - aarde	77
isaha - klok	79
indwi - week	80
umwaka - jaar	81
forume geometrike - vormen	83
amabara - kleuren	84
ikinyurane - tegengestelden	85
ibiharuro - cijfers	88
indimi - Talen	90
inde / iki / gute - wie / wat / hoe	91
hehe? - waar	92

Impressum
Verlag: BABADADA GmbH, Nedderfeld 112 , 22529 Hamburg
Geschäftsführer / Verlagsleitung: Harald Hof
Druck: Books on Demand GmbH, In de Tarpen 42, 22848 Norderstedt

Imprint
Publisher: BABADADA GmbH, Nedderfeld 112 , 22529 Hamburg, Germany
Managing Director / Publishing direction: Harald Hof
Print: Books on Demand GmbH, In de Tarpen 42, 22848 Norderstedt

ikigo c' amashure
school

ishure
klaslokaal

kugabura
delen

186/2

urubaho
bord

ikibuga c' ishure
speelplaats

umwigisha
leerkracht

urukaratasi
papier

kwandika
schrijven

ikaramu
pen

ameza yo kwandikirako
bureau

agacamurongo
liniaal

igitabo
boek

umunyeshure
leerling

isakoshi y'' ishure

schooltas

agasaho k' amakaramu

pennenzak

ikaramu y igiti

potlood

agasongozo k ikaramu y
igiti

puntenslijper

igome

gom

ikaye yo gucapamwo

tekenblok

igicapo

tekening

ikaramu bacapisha irangi

verfborstel

agasandugu kamabara

verfdoos

imikasi

schaar

kore

lijm

ikaye y' imyimenyerezo

werkboek

imyimenyerezo yo muhira

huiswerk

igiharuro

nummer

guteranya

optellen

gukuramwo

aftrekken

kugwiza

vermenigvuldigen

guharura

rekenen

urudome

letter

indome

alfabet

ijambo

woord

igisomwa

tekst

gusoma

Lezen

ingwa

krijt

icigwa

les

igitabo c' ishure

klassenboek

ikibazo

examen

impamyabushobozi

certificaat

impuzu y' ishure

schooluniform

kwiga

onderwijs

kazinduzi

encyclopedie

kaminuza

universiteit

mikorosikopi

microscoop

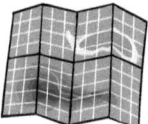

ikarata

kaart

agaseke bajugunyamo
amakaratasi

papiermand

urugendo

reis

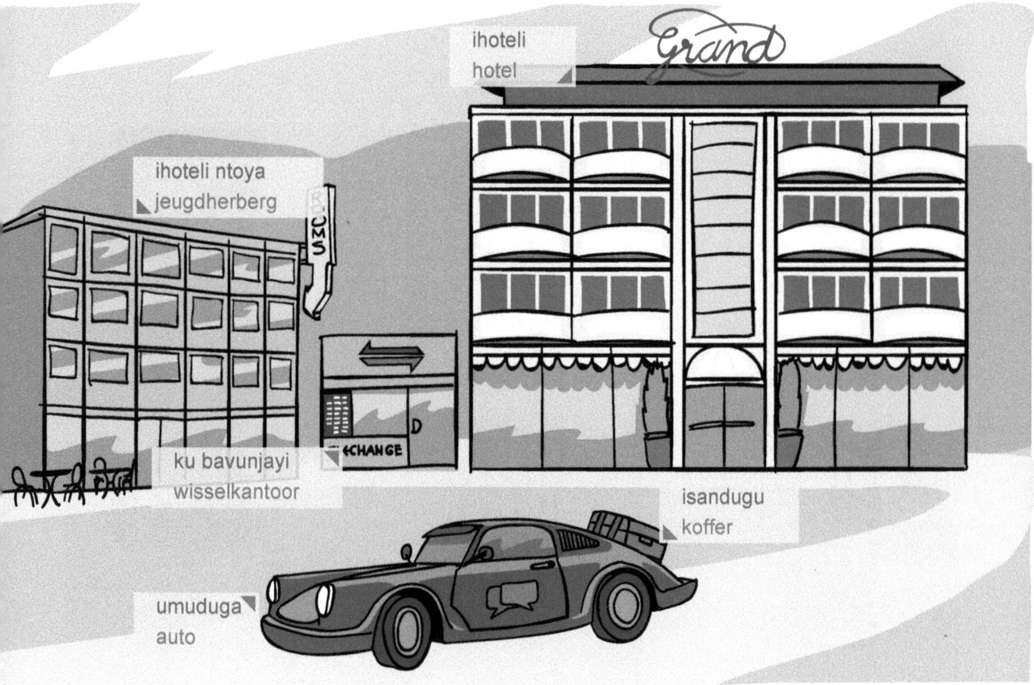
ihoteli
hotel
ihoteli ntoya
jeugdherberg
ku bavunjayi
wisselkantoor
isandugu
koffer
umuduga
auto
Grand
ROOMS
EXCHANGE

ururimi

Taal

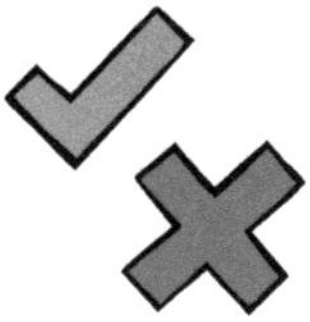

ego / oya

ja / nee

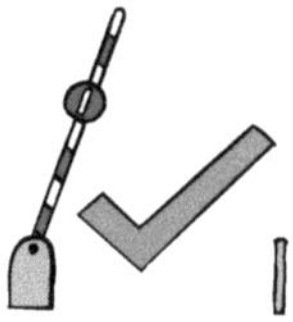

ego

oké

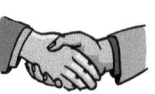

amahoro!

hallo

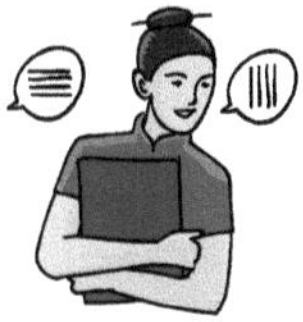

umuntu asigura

vertaler

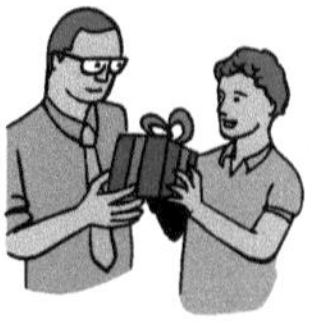

ndashimye

bedankt

ni angahe?

Hoeveel kost …?

sindabitahura

Ik begrijp het niet

ingorane

probleem

mwiriwe!

Goedenavond!

mwaramutse

Goedemorgen!

ijoro ryiza!

Goedenavond!

nakagaruka

Tot ziens

inzira

richting

imizigo

bagage

igapo

zak

isaho baheka mu mugongo

rugzak

umushitsi

gast

icumba

kamer

umufuko wo kuraramo mu rugendo

slaapzak

ihema

tent

kumenyesha ingenzi

toeristeninformatie

ku musenyi

strand

ikarata y' amahera

kredietkaart

ifunguro rya mugatondo

ontbijt

ifunguro ryo ku murango

lunch

ifunguro ry 'ijoro

avondeten

itike

ticket

ingazi y' umuyagankuba

lift

umukono

postzegel

umupaka

grens

duwane

douane

ubuserukizi bw' igihugu

ambassade

viza

visum

pasiporo

paspoort

gutwara abantu n' ibintu

transport

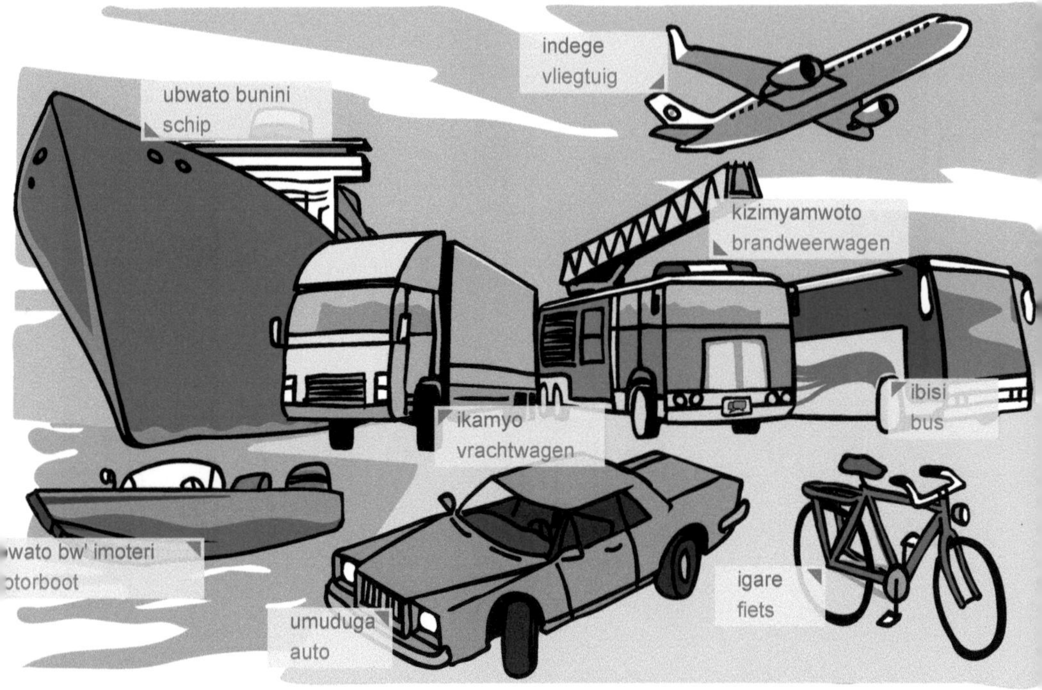

indege
vliegtuig
ubwato bunini
schip
kizimyamwoto
brandweerwagen
ibisi
bus
ikamyo
vrachtwagen
wato bw' imoteri
otorboot
igare
fiets
umuduga
auto

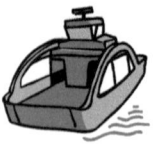

ubwato bunini

veerboot

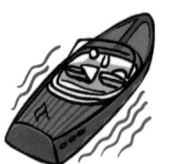

ubwato

boot

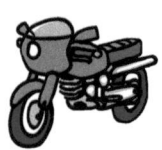

ipikipiki

motor

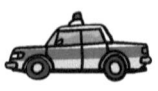

umuduga w' igipolisi

politiewagen

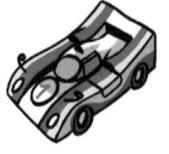

umuduga wa kuruse

racewagen

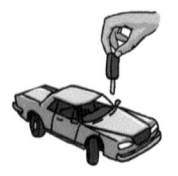

umuduga bakodesha

huurauto

gukoresha imodoka imwe
muri benshi

carpoolen

uruduga ruheka izindi

sleepwagen

umuduga utwara umucafu

vuilniswagen

imoteri

motor

igitoro

benzine

ubunywero bw'ibitoro

benzinestation

ibirango vyo ku mabarabara

verkeersbord

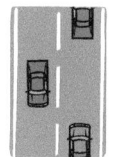

uruja n' uruza

verkeer

akajagari k' imiduga mw'
ibarabara

file

igituro c' imiduga

parkeerplaats

igituro ca gari ya moshi

station

ibarabara rya gari ya moshi

sporen

gari ya moshi

trein

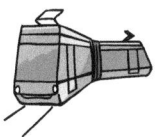

gari ya moshi bita tram

tram

igipande ca gari ya moshi

wagon

kajugujugu

helikopter

ikibuga c' indege

luchthaven

umunara

toren

ingenzi

passagier

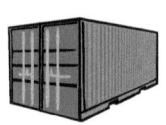

konteneri

container

ikarato

karton

isharete

kar

icibo

mand

kuguruka / kugwa

opstijgen / landen

igisagara

stad

umutumba

dorp

hagati mu gisagara

stadscentrum

inzu

huis

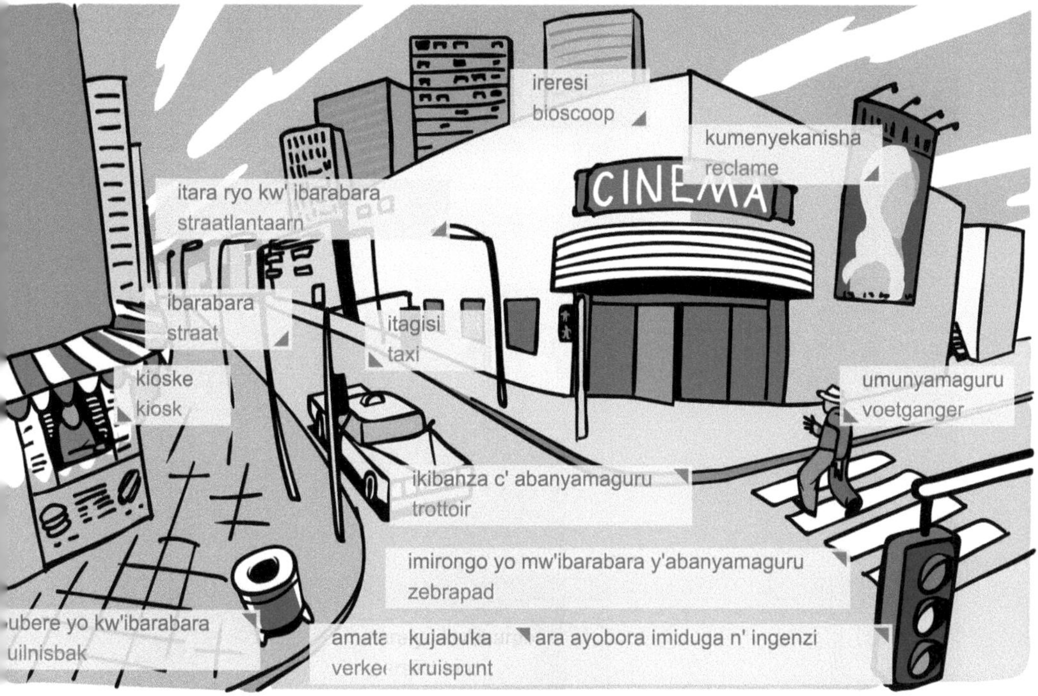
ireresi
bioscoop
kumenyekanisha
reclame
itara ryo kw' ibarabara
straatlantaarn
ibarabara
straat
itagisi
taxi
kioske
kiosk
umunyamaguru
voetganger
ikibanza c' abanyamaguru
trottoir
imirongo yo mw'ibarabara y'abanyamaguru
zebrapad
ubere yo kw'ibarabara
uilnisbak
amata
verke
kujabuka
kruispunt
ara ayobora imiduga n' ingenzi

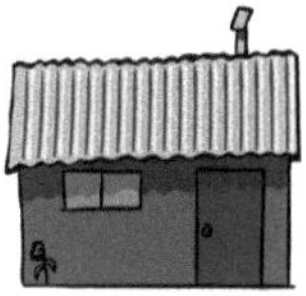

akazu k' ikirundi

hut

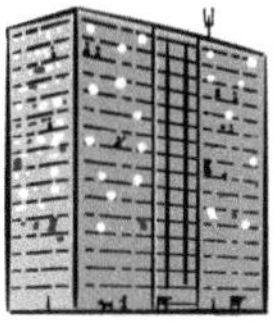

aparitema

woning

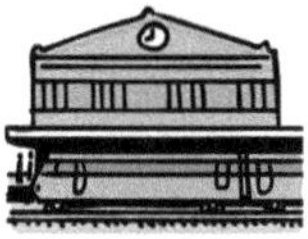

igituro ca gari ya moshi

station

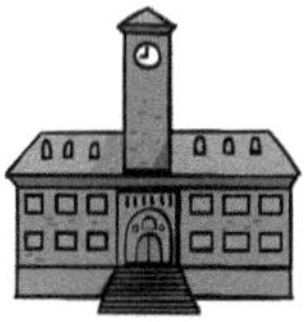

meri

stadshuis

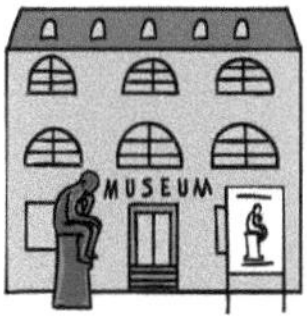

iratiro ry' ivyakera

museum

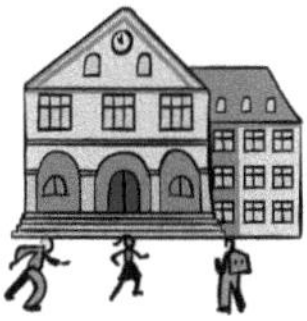

ikigo c' amashure

school

kaminuza

universiteit

ibanki

bank

ibitaro

ziekenhuis

ihoteli

hotel

farumasi

apotheek

ibiro

kantoor

aho badandaza ibitabo

boekwinkel

akaduka

winkel

umudandaza w'amashugwe

bloemenwinkel

supermarshe

supermarkt

isoko

markt

iduka

warenhuis

umudandaza w' amafi

vishandelaar

ihuriro ry'amaduka

winkelcentrum

ikivuko

haven

ikibanza batemberamwo

park

intebe ndende

bank

ikiraro

brug

ingazi

trap

gari ya moshi bita métro

metro

ibarara ry' indani y' isi

tunnel

igituro c' amabisi

bushalte

ubunywero

bar

resitora

restaurant

ahaja amakete

brievenbus

ikirango co kw' ibarabara

straatnaambord

isaha yo ku gituro c' imiduga

parkeermeter

iratiro ry' ibikoko

zoo

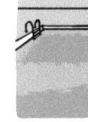

pisine

zwembad

umusigiti

moskee

ubwororero
....
boerderij

konona ibidukikije
....
milieuverontreiniging

akaburi
....
kerkhof

kw'isengero
....
kerk

ikibuga
....
speelplaats

inyubako za kera bita
temple
....
tempel

imisozi
landschap

ikibabi
blad

ivyapa
wegwijzer

inzira
weg

ubwatsi bita gazon
weide

ibuye
steen

umuntu atembera kure n' amaguru
wandelaar

igiti
boom

uruzi
rivier

ubwatsi
gras

ishugwe
bloem

ikiyaya

vallei

umusozi

heuvel

ikiyaga

meer

ishamba

bos

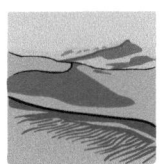

ubugaragwa

woestijn

ikirunga

vulkaan

ishato

kasteel

umunywamazi

regenboog

ikizinu

paddenstoel

ikigazi

palmboom

umubu

mug

isazi

vlieg

urutozi

mier

uruyuki

bijl

igitangurigwa

spin

agakoko gato bita
coléoptère

kever

igikere

kikker

agakoko bita écureuil

eekhoorn

ikinyogote

egel

urukwavu

haas

igihuna

uil

inyoni

vogel

imbata

zwaan

ingurube y' ishamba

wild zwijn

idubu

hert

igikoko bita élan

eland

urugomero

dam

icuma gitanga
umuyagankuba

windturbine

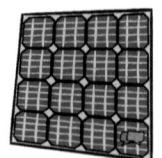

ikimuri c' imishwarara

zonnepaneel

igihe

klimaat

resitora
restaurant

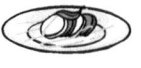

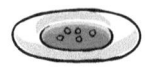

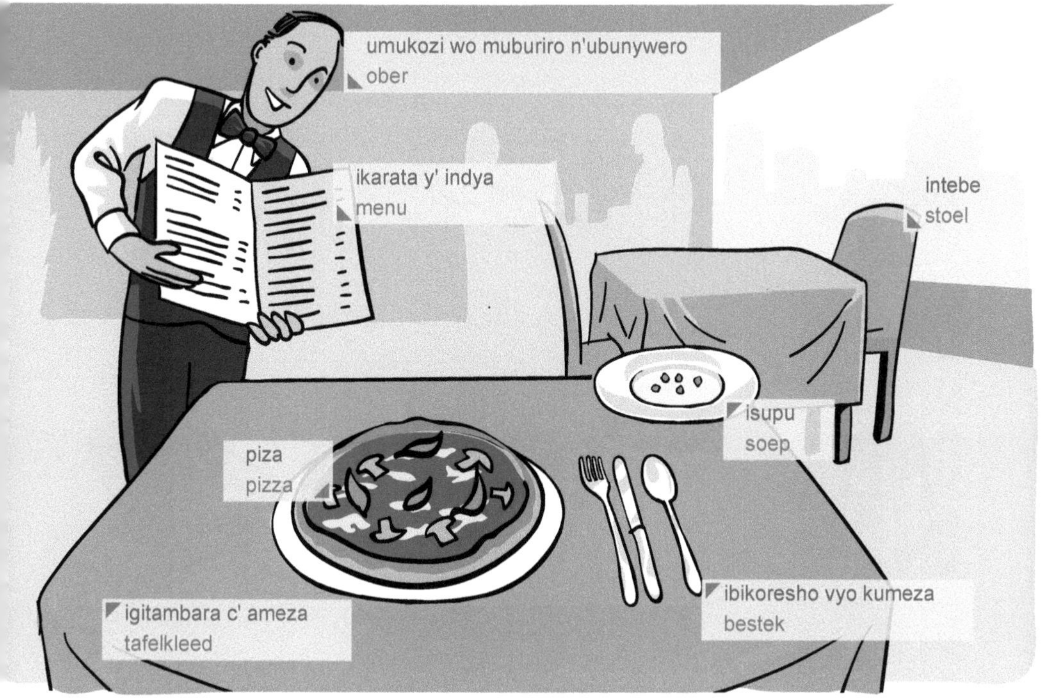

umukozi wo muburiro n'ubunywero
ober
ikarata y' indya
menu
intebe
stoel
isupu
soep
piza
pizza
ibikoresho vyo kumeza
bestek
igitambara c' ameza
tafelkleed

indya y' ibanze

voorgerecht

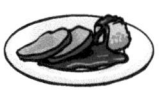

indya nkuru

hoofdgerecht

deseri

nagerecht

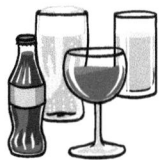

inyobwa

drankjes

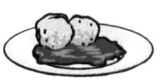

infungugwa

eten

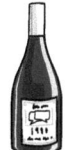

icupa

fles

infungugwa batekanye ingoga

fastfood

Infungugwa barya bagenda

street food

ibirika y' icayi

theepot

agakopo k' isukari

suikerpot

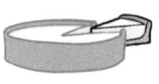

igipande c' indya

portie

imachini ikora espresso

espressomachine

intebe ndende

kinderstoel

inyemazabuguzi

rekening

ako batwarako infungugwa

dienblad

imbugita yo kumeza

mes

ikanya

vork

ikiyiko

lepel

akayiko k' icayi

theelepel

seriviyeti

serviette

ikirahuri

glas

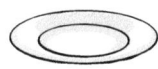

isahani

bord

isahani y' isupu

soepbord

isutasi

schoteltje

isosi

saus

akanyanyagiza umunyu ku ndya

zoutvatje

agasya ipiripiri

pepermolen

vinaigre

azijn

amavuta

olie

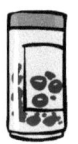

indyoshandya

kruiden

kecapu

ketchup

mutaride

mosterd

mayoneze

mayonaise

supermarshe
supermarkt

ivyagabanyijwe igiciro
aanbieding
FOR
umuguzi
klant
ibiva ku mata
zuivelproducten
icamwa
fruit
agakinga ko mw' iduka
winkelwagen

BUTCHERS

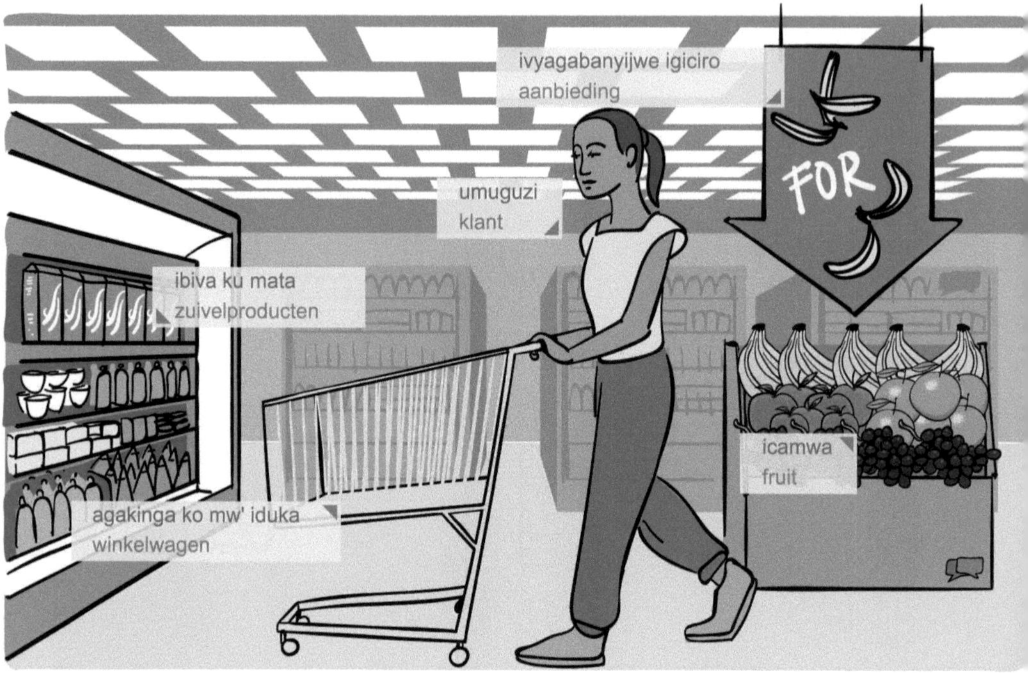

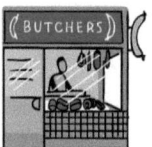

amacuniro

slagerij

BAKERY

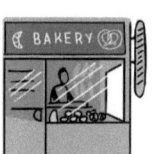

iburangeri

bakkerij

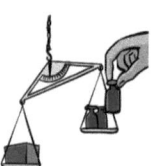

gupima

wegen

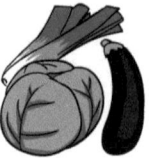

imboga

groenten

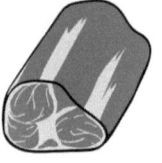

inyama

vlees

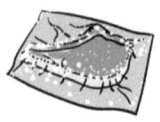

Imfungurwa zikanye cane

diepvriesvoedsel

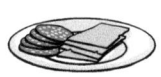

infungugwa bita charcuterie
en tranches

charcuterie

amafunguro yo mu
mabwate

conserven

isabune yo kumesura

waspoeder

ibisosa

snoep

ibikoresho vyo muhira

huishoudproducten

ibikoresho vy'isuku

schoonmaakproducten

umudandaza

verkoopster

kese

kassa

umuntu yakira amahera

kassier

urutonde rw' ibidandazwa

boodschappenlijstje

amasaha yo kugurura

openingstijden

ingodomoni

portefeuille

ikarata y' amahera

kredietkaart

isakoshe

tas

ishakoshe ya parastike

plastieken zakje

amazi

water

umutobe

sap

amata

melk

koka

cola

umuvinyo

wijn

ikiyeri

bier

inzoga

alcohol

kakao

cacao

icayi

thee

ikawa

koffie

ikawa yitwa espresso

espresso

ikawa yitwa kapucino

cappuccino

umuhwi

banaan

ipome

appel

umucungwe

sinaasappel

icamwa bita melon

meloen

indimu

citroen

ikaroti

wortel

igitungurusumu

knoflook

umugano

bamboe

igitunguru

ajuin

ikizinu

champignon

ibiyoba

noten

amakaroni

noodles

spagetti

spaghetti

umuceri

rijst

isarade

salade

ifiriti

frieten

ifiriti

gebakken aardappelen

piza

pizza

hamburugere

hamburger

sandwich

sandwich

infungugwa bita escalope

kalfslapje

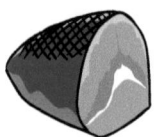

jambo

ham

salami

salami

isosiso

worst

inyama y' inkoko

kip

umusoso

braden

ifi

vis

infungugwa bita flocons d'
avoine

havervlokken

imfungugwa bita müsli

muesli

infungugwa bita corn -
flakes

cornflakes

ifarini

bloem

umukate bita croissant

croissant

umukate muto

pistolet

umukate

brood

umukate bashusha

toast

ibisuguti

koekjes

amavuta

boter

iforomaji yera

kwark

igato

taart

irigi

ei

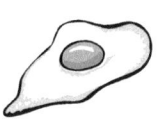

amafunguro bita oeuf au
plat

spiegelei

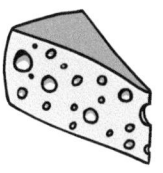

iformaji

kaas

infungugwa bita crème glacée

ijs

isukari

suiker

ubuki

honing

ikonfitire

confituur

imfungugwa bita praliné

choco

infungugwa bita curry

curry

ubwororero

boerderij

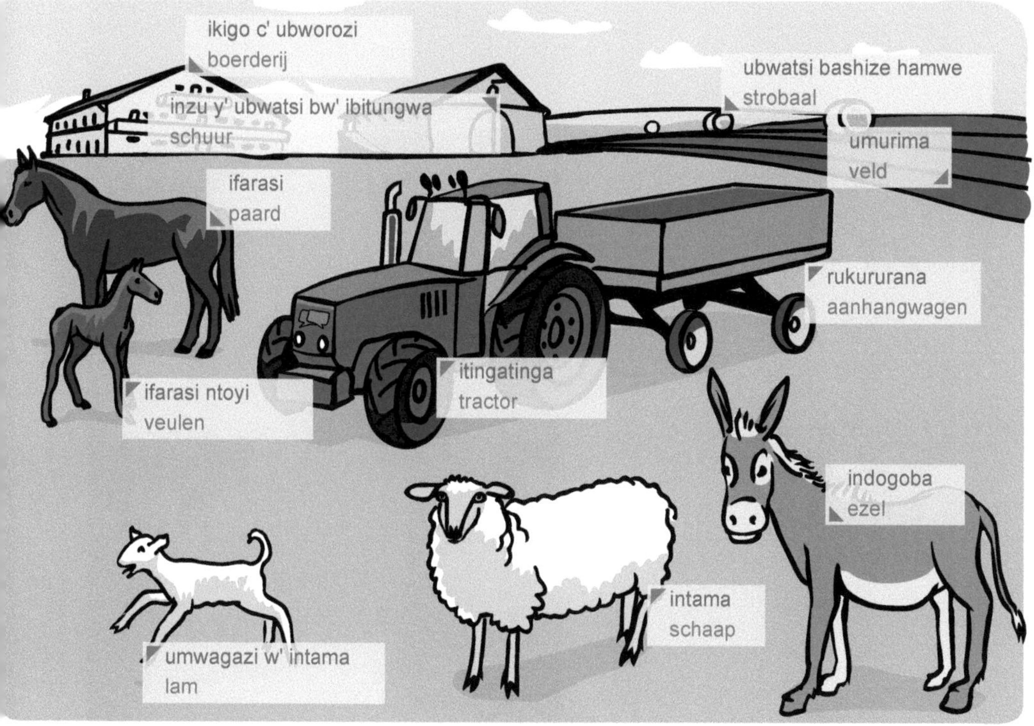

ikigo c' ubworozi
boerderij
inzu y' ubwatsi bw' ibitungwa
schuur
ubwatsi bashize hamwe
strobaal
umurima
veld
ifarasi
paard
rukururana
aanhangwagen
itingatinga
tractor
ifarasi ntoyi
veulen
indogoba
ezel
intama
schaap
umwagazi w' intama
lam

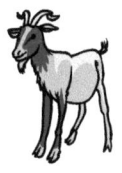

impene
geit

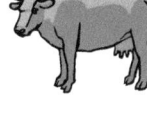

inka
koe

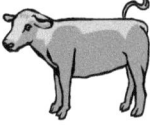

inyana
kalf

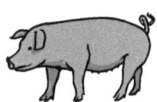

ingurube
varken

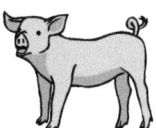

ikibuguru
biggetje

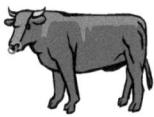

impfizi
stier

inyoni yitwa oie

gans

imbata

eend

umuswi

kuiken

inkokokazi

kip

isake

haan

imbeba nini

rat

akayabu

kat

imbeba

muis

ishuri

os

imbwa

hond

umusaka w'imbwa

hondenhok

umuringoti wo kuvomerera
umurima

tuinslang

ico bakoresha basukira
amashurwe

gieter

urukero

zeis

majagu

ploeg

umuhoro

sikkel

isuka

schoffel

ikinyanyagiza ibitabizo irya n'ino

hooivork

ishoka

bijl

inkorofani

kruiwagen

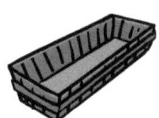

ubwato

trog

icansi

melkkan

umufuko

zak

urugo

hek

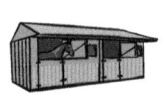

indaro y' ibitungwa

stal

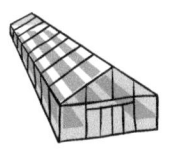

utuzu bashusha kugirango ibimera birimwo bikure

broeikas

isi

bodem

imbuto

zaad

ifumbire

mest

imashini yimbura

maaidorser

kwimbura

oogsten

umwimbu

oogst

infungugwa bita igname

yam

ingano

tarwe

isoya

soja

ikiraya

aardappel

ikigori

maïs

ubwoko bw' ingano bita colza

koolzaad

igiti c' ivyamwa

fruitboom

imyumbati

maniok

ibinyantete

graan

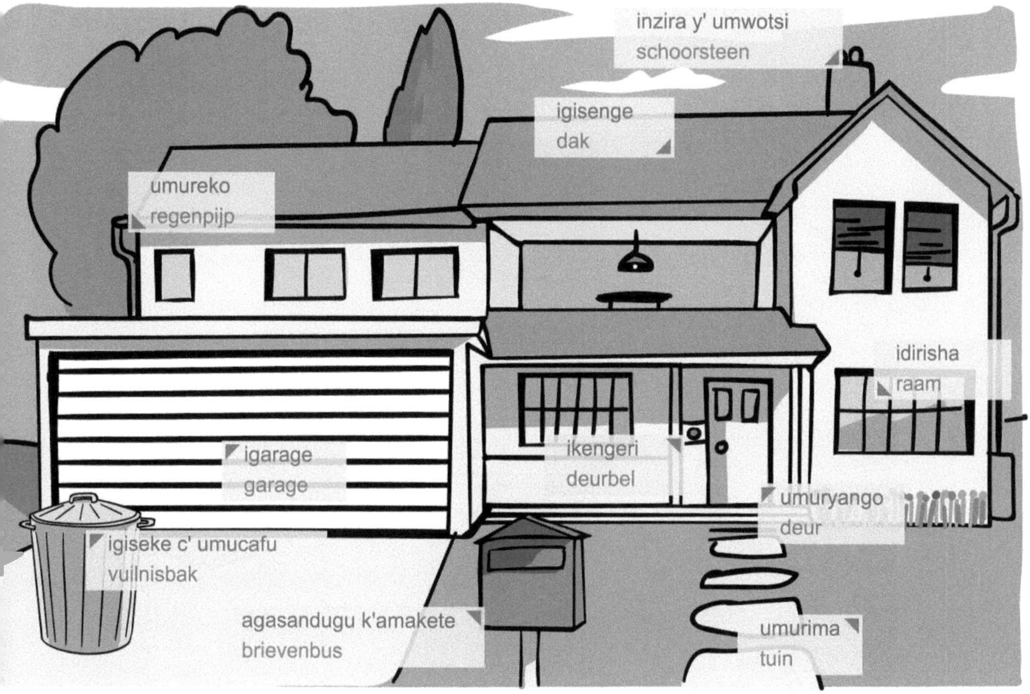

inzira y' umwotsi
schoorsteen

igisenge
dak

umureko
regenpijp

idirisha
raam

igarage
garage

ikengeri
deurbel

umuryango
deur

igiseke c' umucafu
vuilnisbak

agasandugu k'amakete
brievenbus

umurima
tuin

isaro
woonkamer

ubwogero
badkamer

igikoni
keuken

icumba co kuraramo
slaapkamer

icumba c' umwana
kinderkamer

uburiro
eetkamer

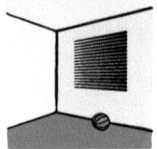

hasi
vloer

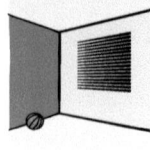

uruhome
muur

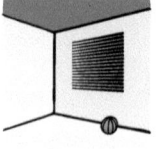

igisenge c' inzu
plafond

kave
kelder

sauna
sauna

ibaraza
balkon

ibaraza
terras

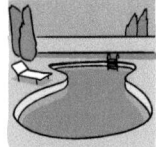

aho bogera
zwembad

itondezi
grasmaaier

igikaratasi
dekbedovertrek

uburengeti
dekbed

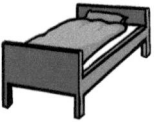

uburiri
bed

umweyerezo
bezem

indobo
emmer

akabuto
schakelaar

isaro
woonkamer

igisharizo
behangpapier
isanamu
foto
itara
lamp
akabati
schap
akabati
kast
imboneshakure
televisie
igicaniro
open haard
ishugwe
bloem
umusagamiro
kussen
ifoteyi
sofa
ivaze
vaas
terekomande
afstandsbediening

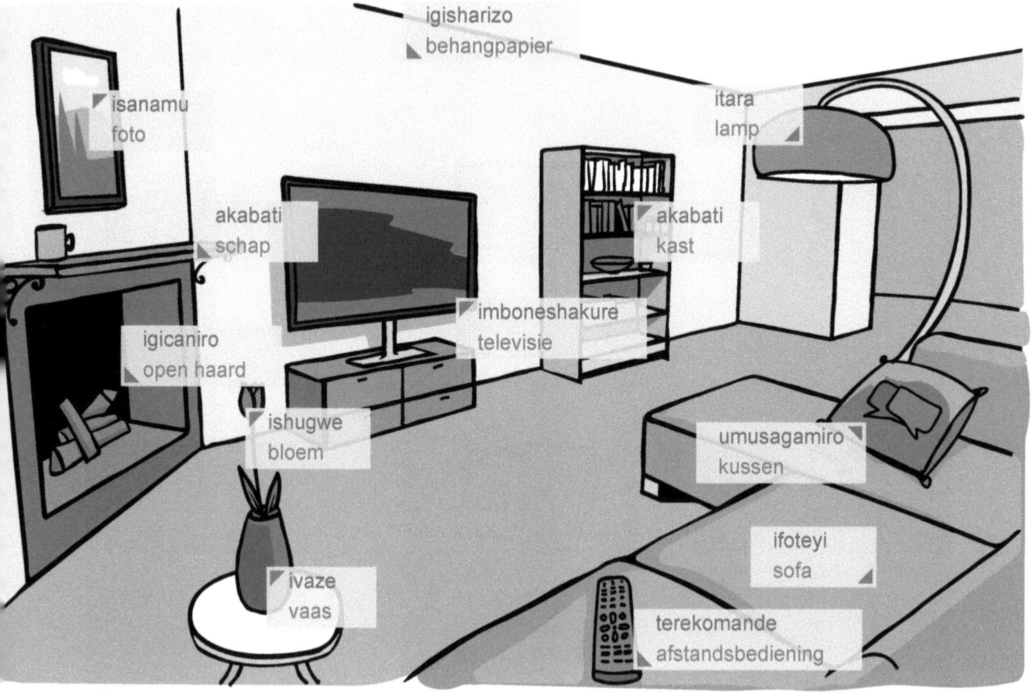

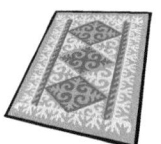

itapi
mat

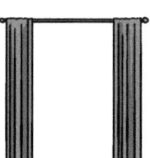

irido
gordijn

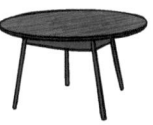

ameza
tafel

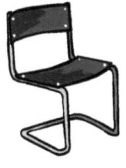

intebe
stoel

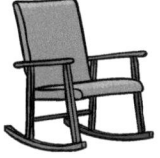

intebe icundera
schommelstoel

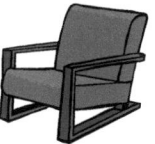

ifoteyi
fauteuil

igitabo
boek

ikirengeti
deken

ibitako
decoratie

inkwi
brandhout

ireresi
film

ivyuma vy' umuziki
stereo-installatie

urufunguruzo
sleutel

ikinyamakuru
krant

gusiga amarangi
schilderij

isanamu nini
poster

insamirizi
radio

ikaye ndangaminsi
notitieboekje

asipirateri
stofzuiger

icimera bita cactus
cactus

ibuji
kaars

igikoni
keuken

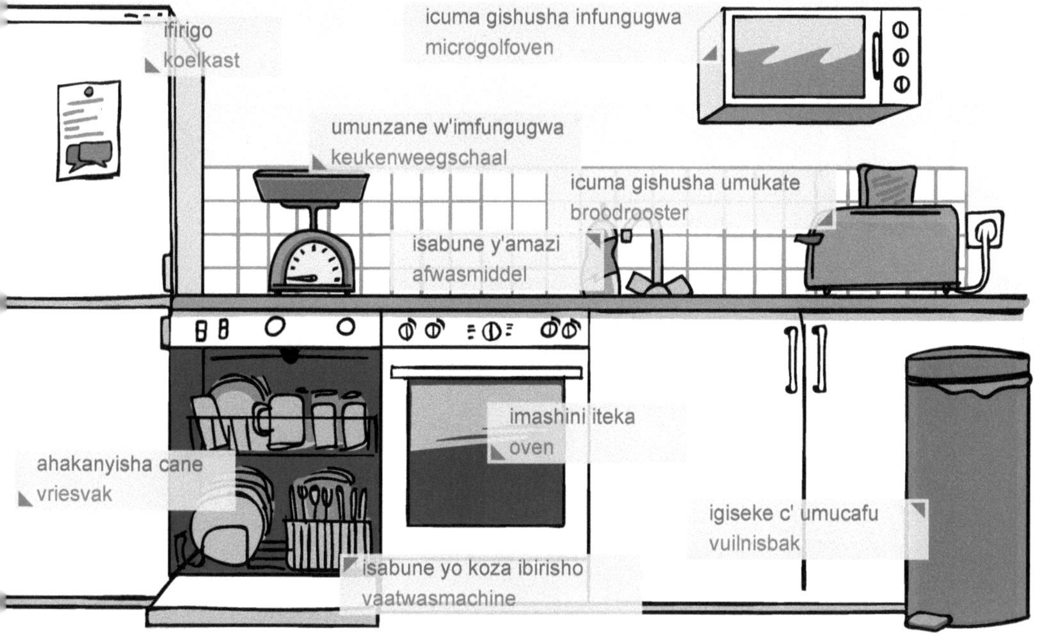

ifirigo
koelkast
icuma gishusha infungugwa
microgolfoven
umunzane w'imfungugwa
keukenweegschaal
icuma gishusha umukate
broodrooster
isabune y'amazi
afwasmiddel
imashini iteka
oven
ahakanyisha cane
vriesvak
igiseke c' umucafu
vuilnisbak
isabune yo koza ibirisho
vaatwasmachine

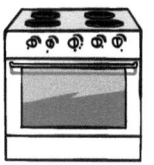

ishiga

fornuis

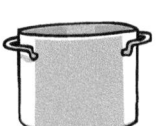

isafuriya

pot

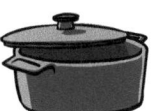

isafuriya y' icuma

gietijzeren pot

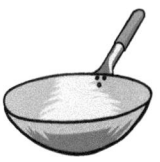

ipanu bita wok

wok / kadai

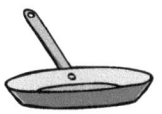

ipanu

pan

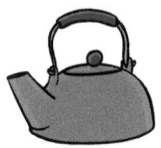

akuma gashusha amazi

waterkoker

isafuriya itekesha umuhisha

stoomkoker

ico bakorerako imikate

bakplaat

ibirisho

servies

igikombe

mok

ibakure

kom

uduti two kurisha

eetstokjes

icaruzo c' isupu

pollepel

ikimamiro

spatel

agakubitisho

garde

imashini isya ibifungurwa

vergiet

akayunguruzo

zeef

agakatakata imfungugwa

rasp

agasekuro

mortier

icokerezo

barbecue

urucaniro

haardvuur

urubaho rwo gukatirako

snijplank

akabaho bakoresha spageti

deegrol

urupfunguzo rw'umuvinyu

kurkentrekker

agasandugu

blik

urupfunguzo rw'agasandugu

blikopener

ivyo gufatisha isafuriya ishushe

pannenlap

icogerezo

gootsteen

uburoso

borstel

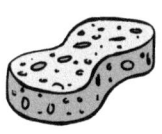

ivyogesho

spons

imigiseri

blender

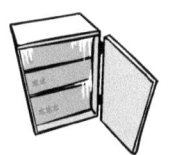

frigo nini ikanyisha cane

vriezer

bibero

papfles

ivomo

kraan

ubwogero
badkamer

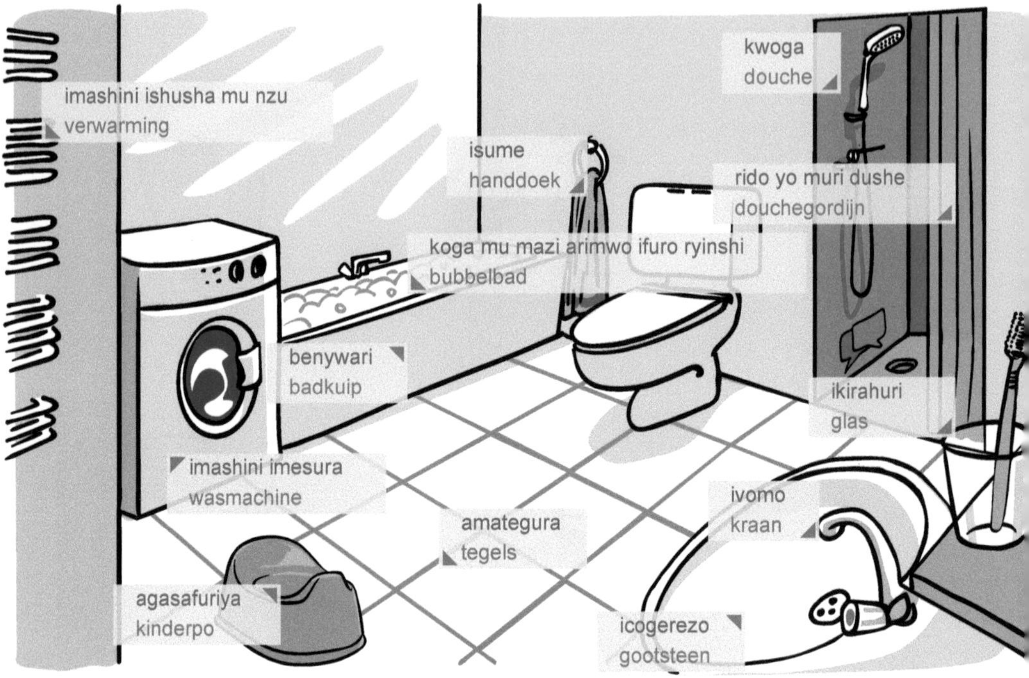

kwoga
douche
imashini ishusha mu nzu
verwarming
isume
handdoek
rido yo muri dushe
douchegordijn
koga mu mazi arimwo ifuro ryinshi
bubbelbad
benywari
badkuip
ikirahuri
glas
imashini imesura
wasmachine
ivomo
kraan
amategura
tegels
agasafuriya
kinderpo
icogerezo
gootsteen

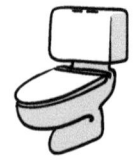

Akazu ka surwumwe

toilet

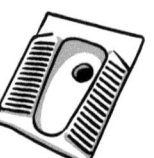

akazu ka surwumwe k'ikirundi

hurktoilet

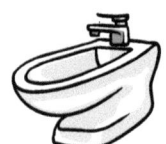

akantu gatoya bogeraho

bidet

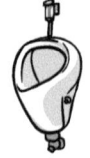

aho basoba

urinoir

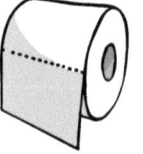

ibikaratase vyo kwi sukuza mu nzu ya surwumwe

toiletpapier

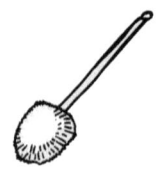

uburoso bwoza akazu ka surwumwe

toiletborstel

umujigiti

tandenborstel

umuti wo koza amenyo

tandpasta

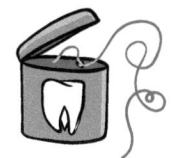

utugozi two gusukura amenyo

flosdraad

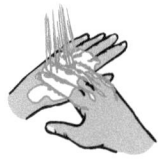

koza

wassen

ikinyuko

handdouche

ubwoko bwa dushe

bidethanddouche

ico bakarabiramo intoki

waskom

uburoso busukura mu mugongo

rugborstel

isabune

zeep

isabuni yo kwoga

douchegel

shampo

shampoo

agatambara ko kwisukura

washandje

umuringoti

afvoer

amavuta yo kwisiga

crème

iparufe yo mu kwaha

deodorant

icirore

spiegel

icirore

handspiegel

imashini imwa ubwanwa

scheermes

ifuro ryo kumwa ubwanwa

scheerschuim

umuti basiga aho bamoye

aftershave

igisokozo

kam

uburoso

borstel

akuma kumutsa umushatsi

haardroger

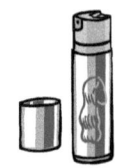

amavuta bapuriza mu mushatsi

haarlak

ibikoresho vyo kwipodora

make-up

amavuta afise ibara yo k'umunywa

lippenstift

verni y'inzara

nagellak

ipampa

watten

umukasi uca inzara

nagelknipper

iparufe

parfum

agasaho k' ivyo kwisukura
ku rugendo
....
toilettas

agatebe
....
kruk

umunzane
....
weegschaal

penywari
....
badjas

udufuko tw' intoke iyo
bakora isuku
....
latex handschoenen

kotegisi
....
tampon

kotegisi
....
maandverband

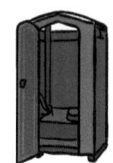

ubwoko bw'akazu ka
surwumwe
....
chemisch toilet

icumba c' umwana
kinderkamer

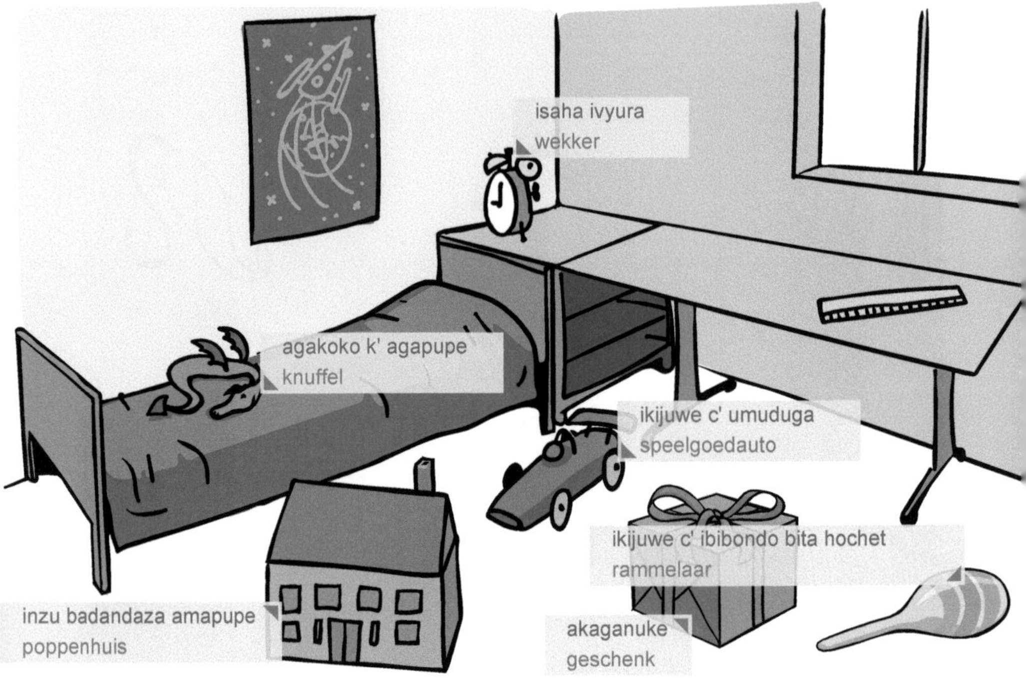

isaha ivyura
wekker
agakoko k' agapupe
knuffel
ikijuwe c' umuduga
speelgoedauto
ikijuwe c' ibibondo bita hochet
rammelaar
inzu badandaza amapupe
poppenhuis
akaganuke
geschenk

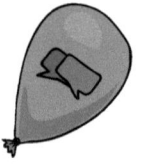

igipurizo

ballon

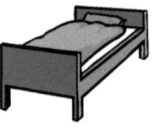

uburiri

bed

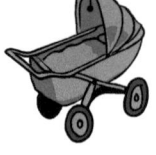

kinderwagen

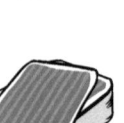

urukino rw' ikarata

spel kaarten

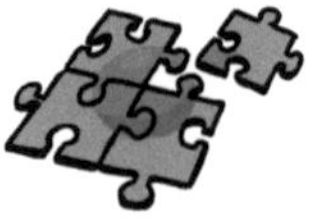

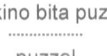

urukino bita puzile

puzzel

SUPER
MEGA

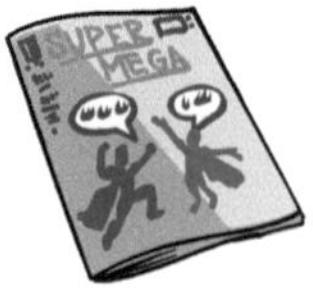

ibitabo vy' amashusho

stripboek

urukino bita lego

legoblokjes

ibijuwe vyo kubaka

blokken

ipupe

actiefiguur

impuzu yo kurarana y abana

kruippakje

urukino bita frisbi

frisbee

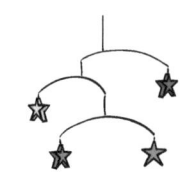

udukinisho two ku buriri bw' ibibondo

mobiel

urukino rwo kumeza

bordspel

agakinisho bita de

dobbelsteen

gari ya moshi z' ibikinisho

modelspoorweg

madanganya

fopspeen

umunsi mukuru

feest

igitabo c' ibicapo

prentenboek

umupira

bal

igipupe

pop

gukina

spelen

umusenyi abana
bakiniramwo

zandbak

uruvuma

schommel

ikijuwe

speelgoed

urukino nyabwonko

spelconsole

ikinga ry'amapine atatu

driewieler

igikoko bita ours c 'ikijuwe

knuffelbeer

akabati k' impuzu

kleerkast

impuzu
kleding

amashesheti

sokken

amashesheti maremare

kousen

ubwoko bw'impuzu zifata
kandi zigaruka cane

maillot

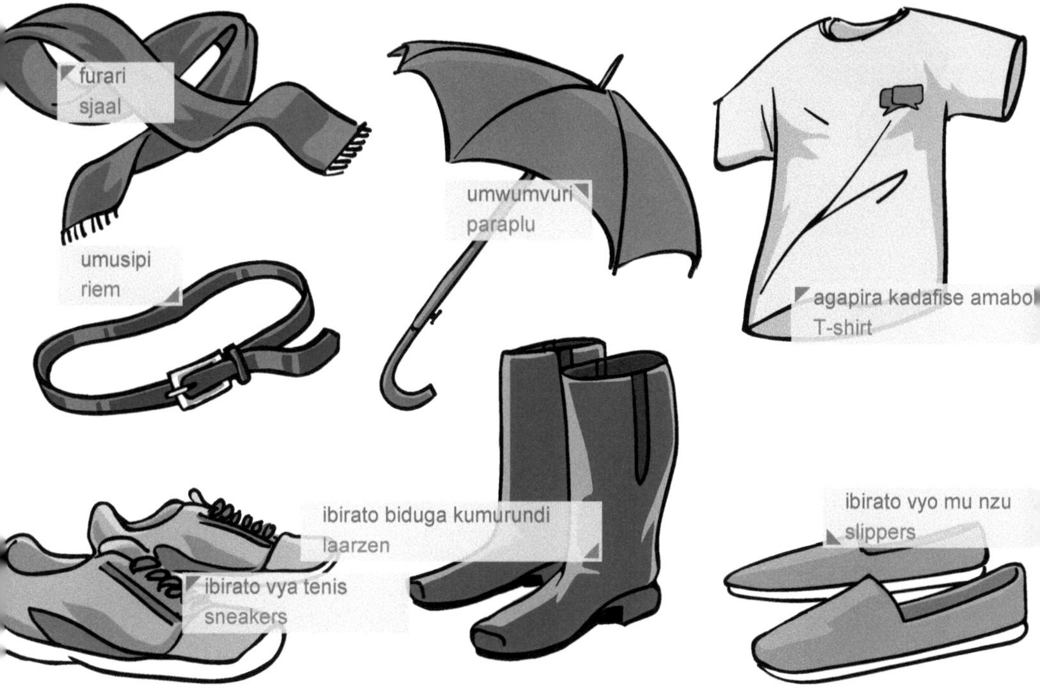

furari
sjaal

umusipi
riem

umwumvuri
paraplu

agapira kadafise amabol
T-shirt

ibirato biduga kumurundi
laarzen

ibirato vya tenis
sneakers

ibirato vyo mu nzu
slippers

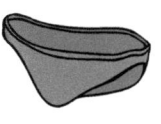

isandari

sandalen

ibirato

schoenen

ingamiya

rubberlaarzen

imwesho

onderbroek

isutiye

beha

isengeri

onderhemd

impuzu z' imbere
....
lichaam

ipantaro
....
broek

ijinisi
....
jeans

ijipo
....
rok

agashati koroshe kabagore
....
blouse

ishati
....
hemd

umupira w' imbeho
....
trui

umupira w'imbeho ufise
inkofero
....
capuchontrui

blazeri
....
blazer

ikoti
....
jas

ikoti rirerire
....
jas

ikoti y'imvura
....
regenjas

kositime
....
kostuum

ikanzu
....
jurk

ikazu y'umugeni
....
trouwjurk

kositime

pak

ikanzu yo kurarana

nachthemd

impuzu z' ijoro

pyjama

imvutano z'abahindi

sari

igitambara co mu mutwe

hoofddoek

igitambara co mu mutwe bita turban

tulband

impuzu z' abasiramukazi

boerka

ikanzu bita kaftan

kaftan

impuzu y' abasiramu

abaya

impuzu yo kogana

badpak

impuzu yo kwogana y'abagabo

zwembroek

imwesho

short

itereningi

trainingspak

itaburiya

schort

udufuko tw' intoke

handschoenen

igifungo

knoop

amarori

bril

igikomo

armband

akadede

ketting

impeta

ring

ihereni

oorbel

inkofero

pet

porutemanto

kapstok

inkofero

hoed

karavate

das

imashini

rits

inkofero yo kwikingira

helm

imisipi

bretellen

impuzu y' ishure

schooluniform

umwambaro rusangi
w'ahantu

uniform

impuzu - kleding

utwo bambika ibibondo iyo birya
·················
slabbetje

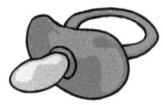

madanganya
·················
fopspeen

iranje
·················
luier

seriveri
server

akabati k' ivyangombwa
dossierkast

urukaratasi
papier

empirimante
printer

ekra
monitor

ameza yo kwandikirako
bureau

suri
muis

ico bashiramwo ivyangombwa
map

karaviye
toestenbord

aseke bajugunyamo amakaratasi
piermand

intebe
stoel

nyabwonko
computer

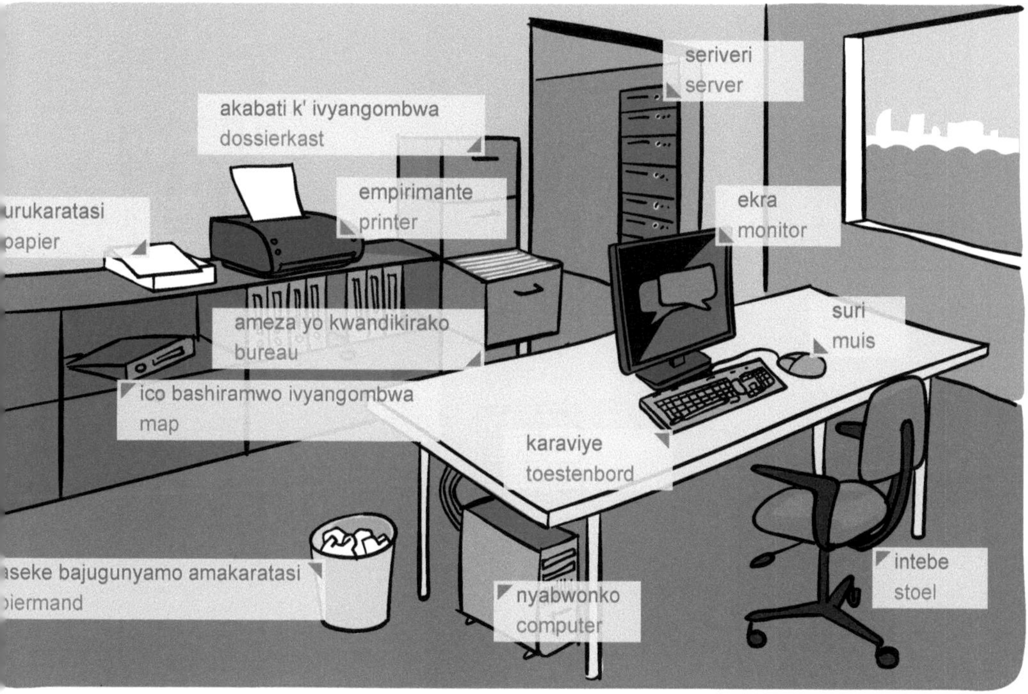

igikombe c' ikawa
·················
koffiemok

imashini iharura
·················
rekenmachine

ubuhinga
ngurukanabumenyi
internet

inyabwonko ngendanwa

laptop

ikete

brief

ubutumwa

bericht

telefoni ngendanwa

gsm

rezo

netwerk

fotokopiyeze

kopieerapparaat

rojisiyeri

software

telefoni

telefoon

purize

stopcontact

fagisi

fax

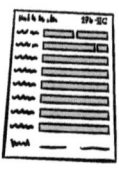

urukaratasi rwo kuzuza

formulier

icangombwa

document

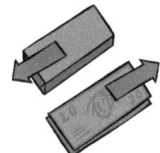

kugura
....
kopen

kuriha
....
betalen

kudandaza
....
handelen

amahera
....
geld

USD

idorari
....
dollar

EUR

iyero
....
euro

JPY

iyene
....
yen

RUB

amahera y' abarusiya
....
roebel

CHF

amahera y' abasuwisi
....
Zwitserse frank

CNY

amahera bita renmimbi
yuan
....
Chinese renminbi

INR

amahera bita rupi
....
roepie

icuma gitanga amahera
....
geldautomaat

ku bavunjayi

wisselkantoor

inzahabu

goud

umujumbu

zilver

ipeteroli

olie

inguvu

energie

ikiguzi

prijs

amasezerano

contract

amakori

belasting

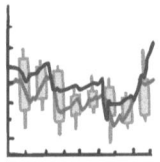

igice

aandeel

gukora

werken

umukozi

werknemer

umukoresha

werkgever

ihinguriro

fabriek

akaduka

winkel

imirimo
beroepen

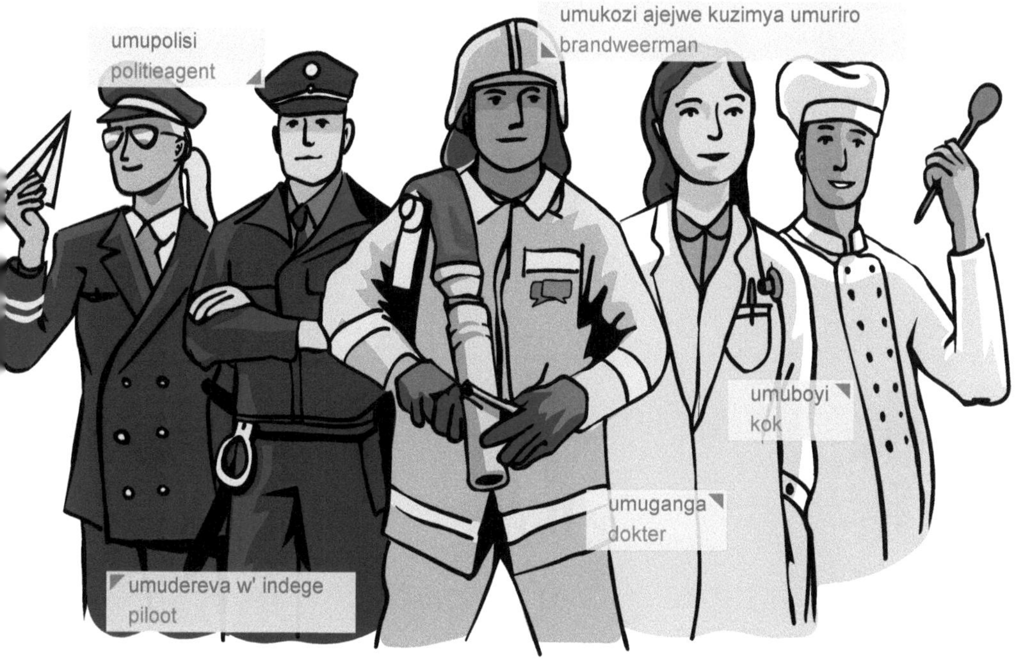
umupolisi
politieagent
umukozi ajejwe kuzimya umuriro
brandweerman
umuboyi
kok
umuganga
dokter
umudereva w' indege
piloot

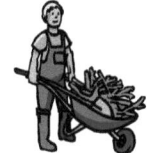

umukozi akora murikarima

tuinman

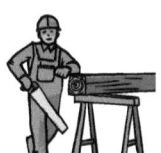

umubaji

timmerman

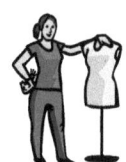

umushonyi

naaister

umucamanza

rechter

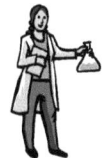

umuhinga mu vya chimie

chemicus

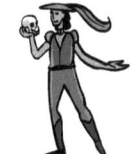

umukinyi w'amareresi

acteur

umudereva w' ibisi

buschauffeur

umudereva w' itagisi

taxichauffeur

umurovyi

visser

umuzezwanzukazi

schoonmaakster

sharupantiye

dakdekker

umukozi wo muburiro n'ubunywero

ober

umuhigi

jager

umufundi w' amarangi

schilder

umuntu akora imikate

bakker

umufundi w' amatara

elektricien

umwubatsi

bouwvakker

enjeniyeri

ingenieur

umuyangayanga

slager

umufundi w' amazi

loodgieter

umuparanto

postbode

umusoda

soldaat

umuntu acapa inyubako

architect

umuntu yakira amahera

kassier

umukozi ajejwe amashugwe

bloemist

kimyozi

kapper

kontororeri

conducteur

umufundi w' imiduga

mecanicien

umudereva w' ubwato

kapitein

umuganga w' amenyo

tandarts

umuhinga mu vya siyansi

wetenschapper

umuhinga mu bayahudi bita
rabi

rabbijn

imame

imam

umuvugiramana

monnik

umuvugiramana

geestelijke

ibikoresho vy' ubwubatsi

werktuigen

inyundo
hamer
ipensi
tang
turunevisi
schroevendraaier
urufunguruzo
schroefsleutel
isitimu
zaklamp

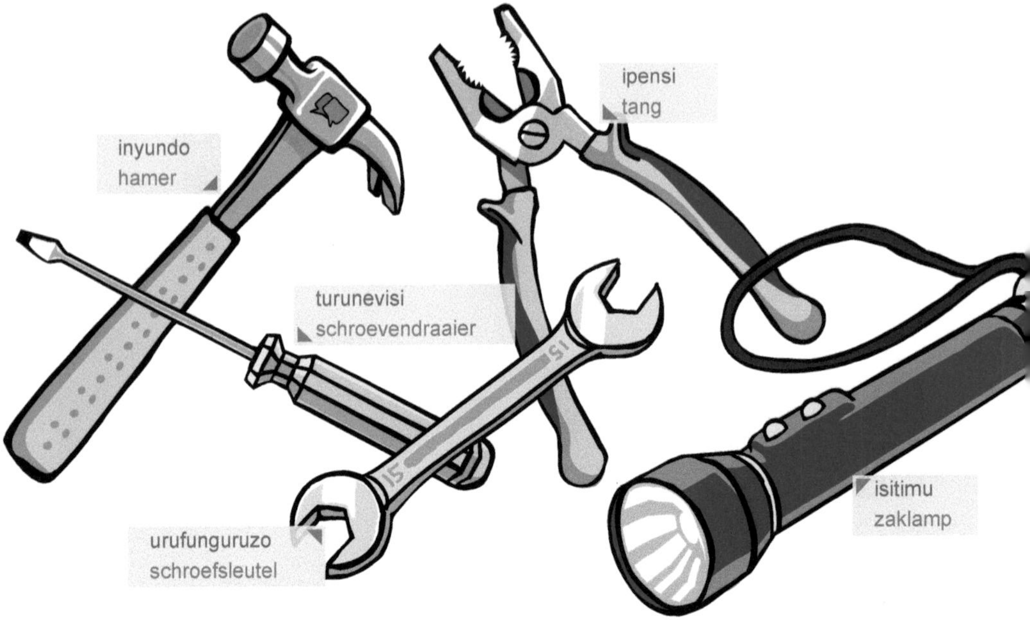

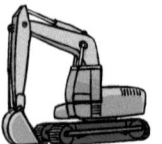

tingatinga

graafmachine

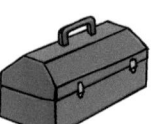

isaho y' ibikoresho

gereedschapskoffer

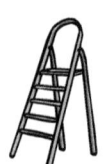

ingazi

ladder

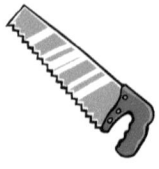

umusumeno

zaag

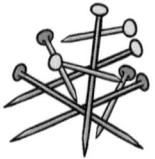

imisumari

spijkers

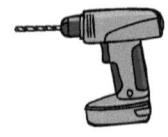

icuma bita foreuse

boormachine

gukora
....
repareren

igipawa
....
schop

asyi!
....
Verdomme!

agaterura umucafu
....
blik

indobo y' irangi
....
verfpot

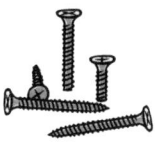

ivis
....
schroeven

ivyuma vyo gucuraranga
muziekinstrumenten

icuma ca musika bita batterie
drumstel

icuma bita Haut parleur
luidspreker

icitari
gitaar

icuma ca musika bita contrebasse
contrabas

icuma ca musika bita trompette
trompet

icuma ca musika bita piano

piano

icuma ca musika bita violon

viool

gitare icuranga Bass

basgitaar

icuma ca musika bita
timbale

pauk

ingoma

trommels

icuma ca musika bita piano
electrique

keyboard

icuma ca musika bita
saxophone

saxofoon

umwirongi

fluit

mikoro

microfoon

iratiro ry' ibikoko

zoo

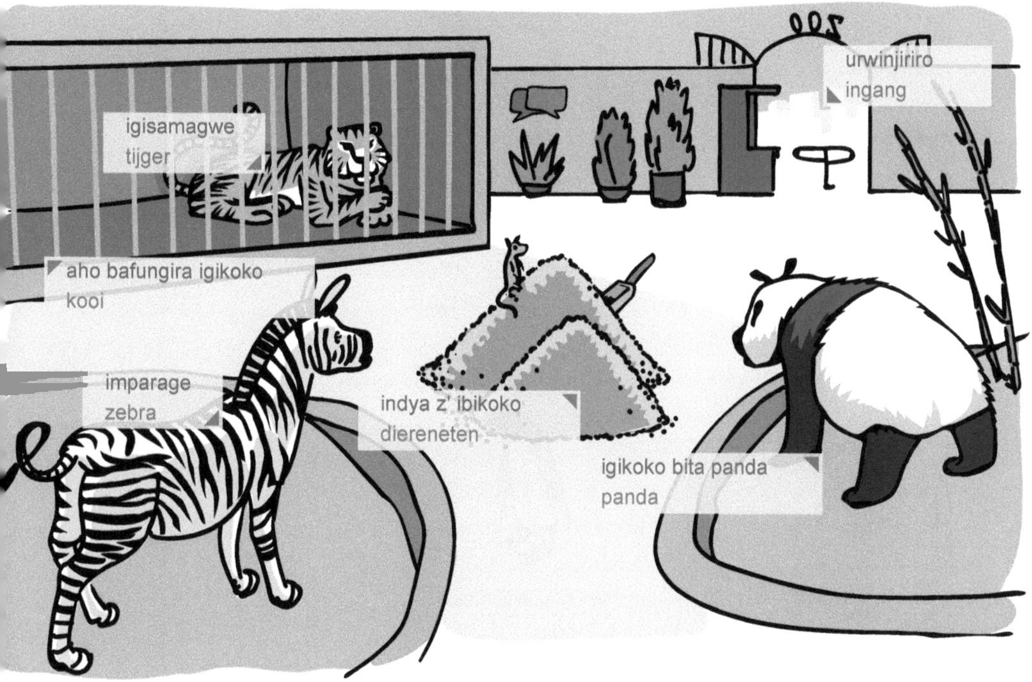

urwinjiriro
ingang
igisamagwe
tijger
aho bafungira igikoko
kooi
imparage
zebra
indya z' ibikoko
diereneten
igikoko bita panda
panda

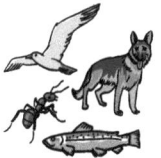

ibikoko

dieren

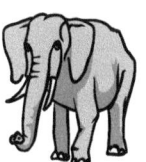

inzovu

olifant

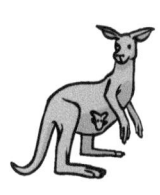

Kanguru

kangoeroe

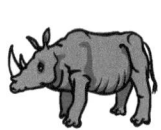

igikoko bita Rhynoceros

neushoorn

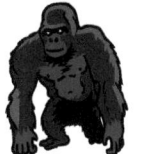

inguge

gorilla

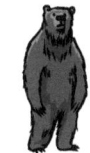

igikoko bita ours

beer

ingamiya

kameel

inyoni bita autriche

struisvogel

intare

leeuw

inkende

aap

inyoni bita flamant rose

flamingo

gasuku

papegaai

igikoko bita ours blanc

ijsbeer

inyoni bita pinguin

pinguïn

ifi bita requin

haai

inyoni bita paon

pauw

inzoka

slang

ingona

krokodil

umurinzi w' iratiro ry' ibikoko

dierenverzorger

igikoko bita phoque

zeehond

igikoko bita jaguar

jaguar

ubwoko bw' ifarasi bita pony

pony

ingwe

luipaard

imvubu

nijlpaard

umusumbarembo

giraffe

agaca

adelaar

ingurube y' ishamba

wild zwijn

ifi

vis

akanyamasyo

zeeschildpad

igikoko bita morse

walrus

imbwebwe

vos

ingeregere

gazelle

urukino rwa football yo muri amerika
rugby

ugusiganwa ku makinga
wielrennen

urukino rwa tennis
tennis

urukino rwa basketball
basketbal

koga
zwemmen

urukino rw' ingumu
boksen

urukino rwa ice-hockey
ijshockey

umupira w'amaguru
voetbal

urukino rwa badminton
badminton

ubunonotsi
atletiek

urukino rwa handball
handbal

urukino rwa ski
skiën

urukino rwa Polo
polo

gutwenga
lachen

gusimba
springen

kugumbirana
knuffelen

kugenda
wandelen

kuririmba
zingen

kurota
dromen

gusenga
bidden

gusoma
kussen

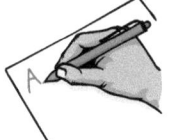

kwandika

schrijven

gucapa

tekenen

kwereka

tonen

gusuguma

duwen

gutanga

geven

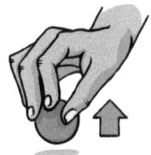

gutora

nemen

kugira
hebben

kugira
doen

kuba
zijn

guhagarara
staan

kwiruka
lopen

gukwega
trekken

guta
gooien

gutemba
vallen

kurambarara hasi
liggen

kurindira
wachten

gutwara
dragen

kwicara
zitten

kwambara
aankleden

kuryama
slapen

kuvyuka
ontwaken

kuraba

kijken naar

kurira

wenen

kwagaza

aaien

gusokoza

kammen

kuvuga

praten

gutahura

begrijpen

kubaza

vragen

kumviriza

luisteren

kunywa

drinken

gufungura

eten

gutondeka

opruimen

gukunda

houden van

guteka

koken

gutwara

rijden

kuguruka

vliegen

kugira siporo bita voile

zeilen

guharura

rekenen

gusoma

Lezen

kwiga

leren

gukora

werken

kurongora

trouwen

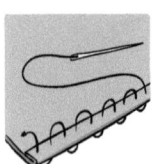

gushona

naaien

kwijigitura

tandenpoetsen

kwica

doden

kunywa itabi

roken

kurungika

sturen

umuryango
familie

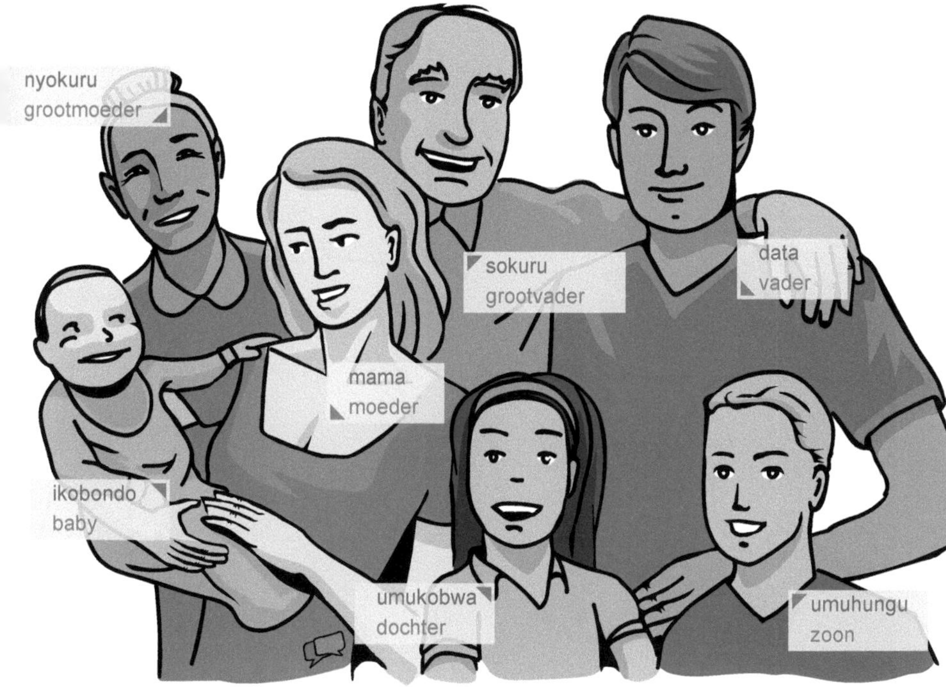
nyokuru
grootmoeder
sokuru
grootvader
data
vader
mama
moeder
ikobondo
baby
umukobwa
dochter
umuhungu
zoon

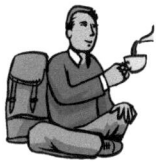

umushitsi

gast

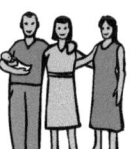

masenge

tante

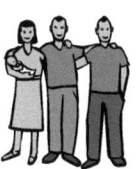

marume

oom

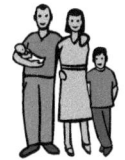

musaza w' umuntu

broer

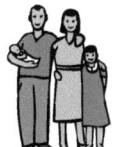

mushiki w' umuntu

zus

umubiri
lichaam

agahanga
voorhoofd
ijisho
oog
urutugu
schouder
urutoki
vinger
isura
gezicht
agasakanwa
kin
ikiganza
hand
ukuguru
been
agatuntu
borst
ukuboko
arm

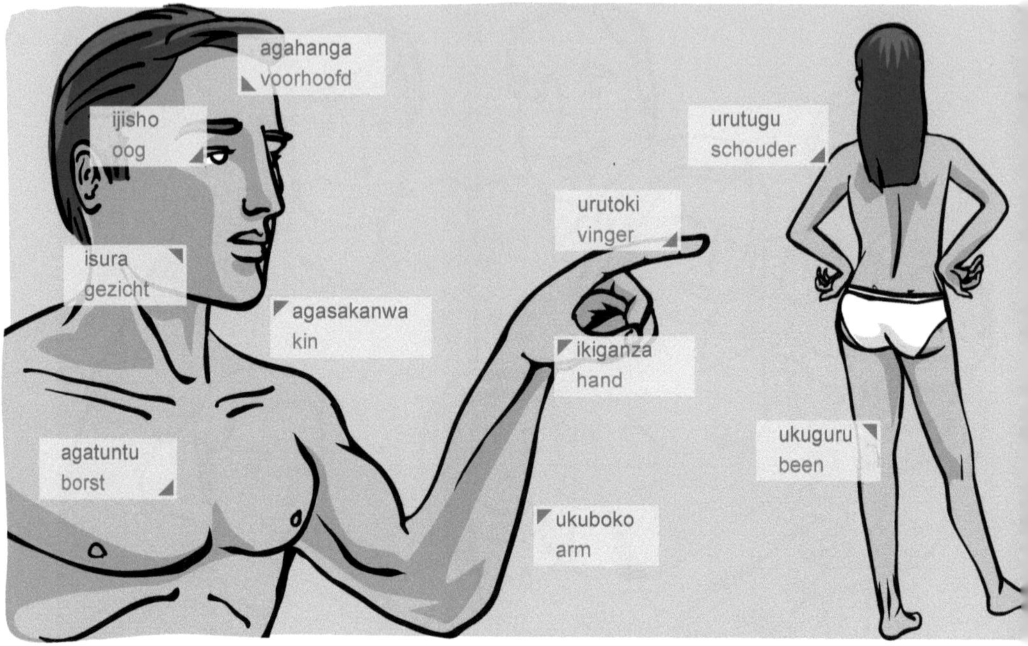

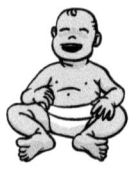

ikobondo

baby

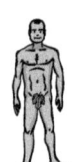

umugabo

man

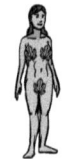

umugore

vrouw

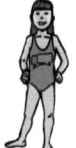

umwigeme

meisje

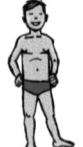

umuhungu

jongen

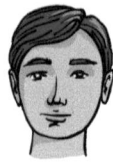

umutwe

hoofd

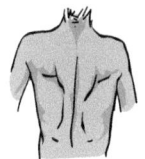

umugongo
rug

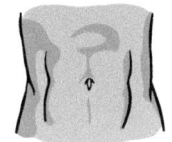

inda
buik

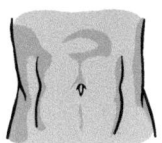

umukondo
navel

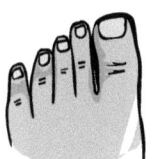

ino
teen

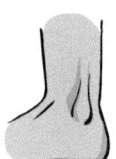

agatsintsiri
hiel

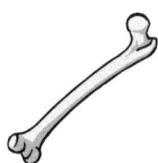

igufa
bot

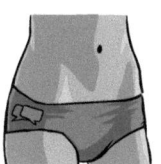

ku mafyigo
heup

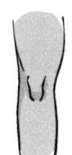

ivi
knie

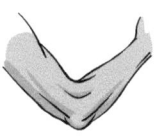

inkokora
elleboog

izuru
neus

igisusu
zitvlak

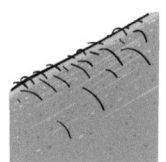

urukoba
huid

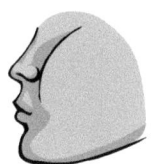

itama
wang

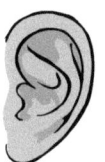

ugutwi
oor

umunwa
lip

umunwa

mond

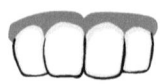

iryinyo

tand

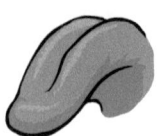

ururimi

tong

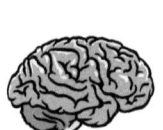

ubwonko

hersenen

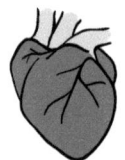

umutima

hart

umutsi

spier

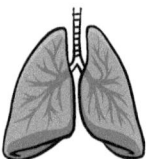

ihaha

long

igitigu

lever

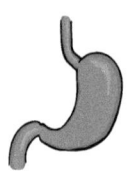

umushishito

maag

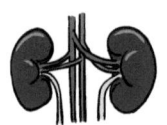

amafyigo

nieren

kurangura amabanga
y'abubatse

seks

agapfuko

condoom

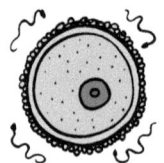

imbuto y' umugore

eicel

imbuto y'umugabo

sperma

imbanyi

zwangerschap

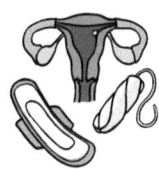

kuja mu kwezi

menstruatie

igituba

vagina

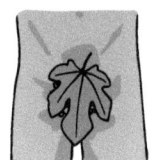

imboro

penis

ingohe

wenkbrauw

umushatsi

haar

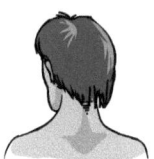

izosi

nek

ibitaro
ziekenhuis

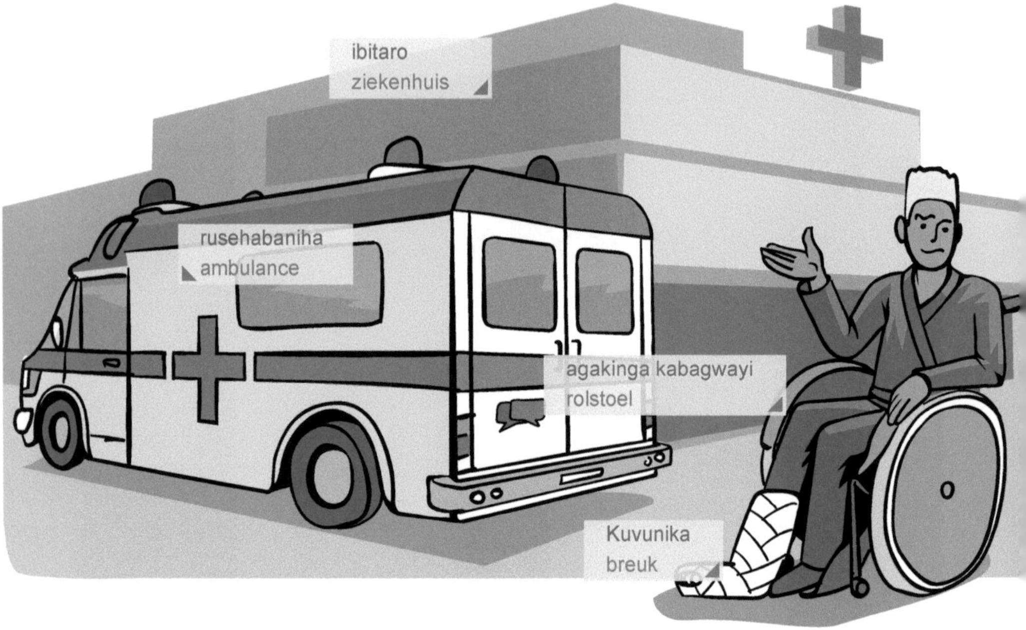

ibitaro
ziekenhuis
rusehabaniha
ambulance
agakinga kabagwayi
rolstoel
Kuvunika
breuk

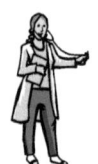

umuganga
dokter

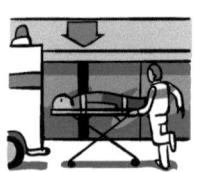

mundembe
spoed

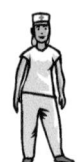

umuforomokazi
verpleegkundige

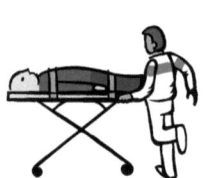

irijanse
noodgeval

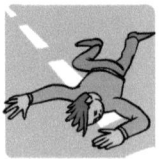

guta ubwenge
bewusteloos

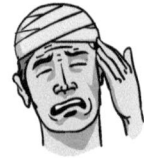

ububabare
pijn

igikomere

verwonding

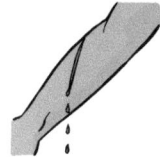

kuva amaraso

bloeding

uguhagarara k' umutima

hartaanval

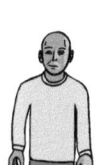

kuvira indani

beroerte

guhurirwa

allergie

inkorora

hoest

ubushuhe bw'umubiri

koorts

giripe

griep

gucibwamwo

diarree

kumeneka umutwe

hoofdpijn

Kanseri

kanker

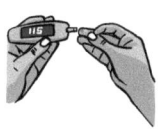

Diyabeti

diabetes

muganga ajejwe kubaga

chirurg

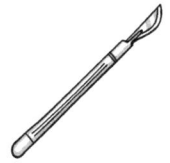

akuma ka muganga ubaga

scalpel

kubagwa

operatie

sikaneri

CT

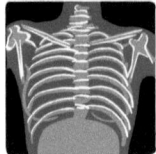

radiyografi

röntgenstraal

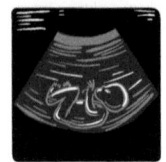

ekogarafi

ultrageluid

masike

gezichtsmasker

indwara

ziekte

aho kurindirira

wachtkamer

icishimikizo

kruk

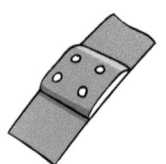

gufuka igikomere

pleister

gufuka igikomere

verband

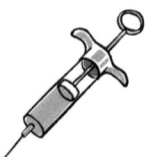

gutera urushinge

injectie

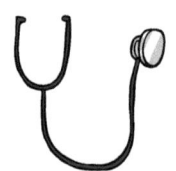

icuma cumviriza amahaha n'umutima

stethoscoop

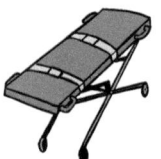

ingovyi

brancard

igipima umuriro w' umubiri

thermometer

kuvuka

geboorte

umuvyibuho urengeje

overgewicht

igifasha umuntu kumva
neza

hoorapparaat

imiti y' ibikomere

ontsmettingsmiddel

kwandura

infectie

umugera

virus

umugera wa sida

HIV / AIDS

ubuvuzi

medicijn

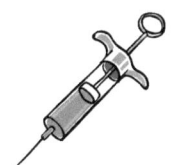

guhabwa urucanco

vaccinatie

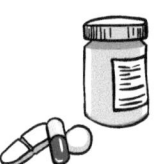

ibinini

tabletten

ikinini mbonezamvyaro

pil

telefone itabaza

noodoproep

igipima umuvuduko w'
amaraso

bloeddrukmeter

arwaye / akomeye

ziek / gezond

muntabare!

Help!

ikengere

alarm

igitero

overval

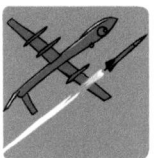

igitero

aanval

ibihe bikomeye

gevaar

icanzo

nooduitgang

umuriro!

Brand!

ikizimyamwoto

brandblusser

isanganya

ongeval

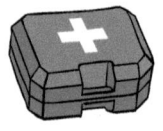

isanduku y' ubutabazi

EHBO-kit

ubutabazi

SOS

igipolisi

politie

Buraya

Europa

Uburaruko bw' amerika

Noord-Amerika

Ubumanuko bw' amerika

Zuid-Amerika

Afurika

Afrika

Aziya

Azië

Ositarariya

Australië

ibahari y' Antalantika

Atlantische Oceaan

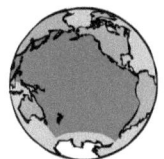

ibahari ya Pasifika

Stille Oceaan

ibahari y' Ubuhinde

Indische Oceaan

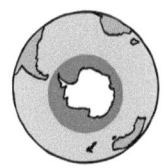

ibahari y' Antaragitika

Antarctische Oceaan

ibahari y' Aragitika

Arctische Oceaan

Uburaruko bw' umubumbe
w' isi

Noordpool

Ubumanuko bw' umubumbe
w' isi
Zuidpool

antaragitika
Antarctica

isi
aarde

isi
land

ibahari
zee

izinga
eiland

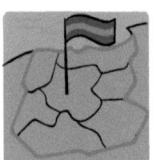

igihugu
natie

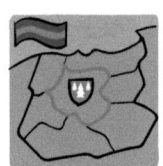

reta
staat

aho barabira isaha

wijzerplaat

urushinge rw' amasaha

uurwijzer

urushinge rw' iminota

minuutwijzer

urushinge rw' amasegonda

secondewijzer

ni gihe ki?

Hoe laat is het?

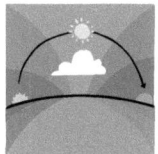

umunsi

dag

igihe

tijd

ubu nyene

nu

isaha ya electronique

digitale horloge

umunota

minuut

isaha

uur

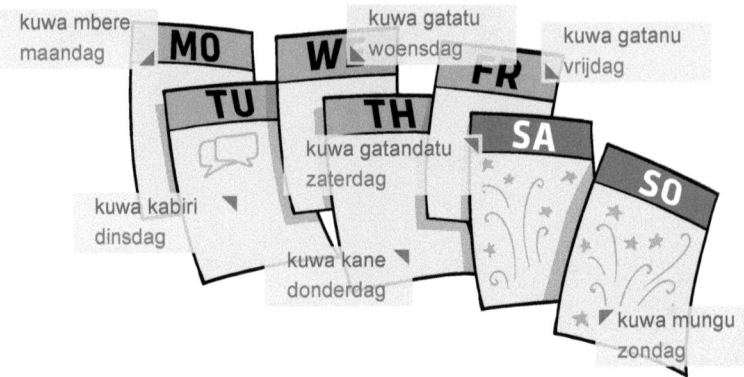

kuwa mbere
maandag

kuwa kabiri
dinsdag

kuwa gatatu
woensdag

kuwa gatandatu
zaterdag

kuwa kane
donderdag

kuwa gatanu
vrijdag

kuwa mungu
zondag

ejo haheze

gisteren

ubunyene

vandaag

ejo hazoza

morgen

mu gatondo

ochtend

sasita

middag

ku mugoroba

avond

iminsi y' ibikorwa

werkdagen

weekende

weekend

umwaka
jaar

imvura
regen
umunywamazi
regenboog
umuyaga
wind
urubura
sneeuw
igihe c' umwaka bita printemps
lente
igihe c' umwaka bita Automne
herfst
ici
zomer
igihe c' umwaka bita hiver
winter

4.APRIL 11°
5.APRIL 4°
6.APRIL 13°
7.APRIL 8°
8.APRIL 10°

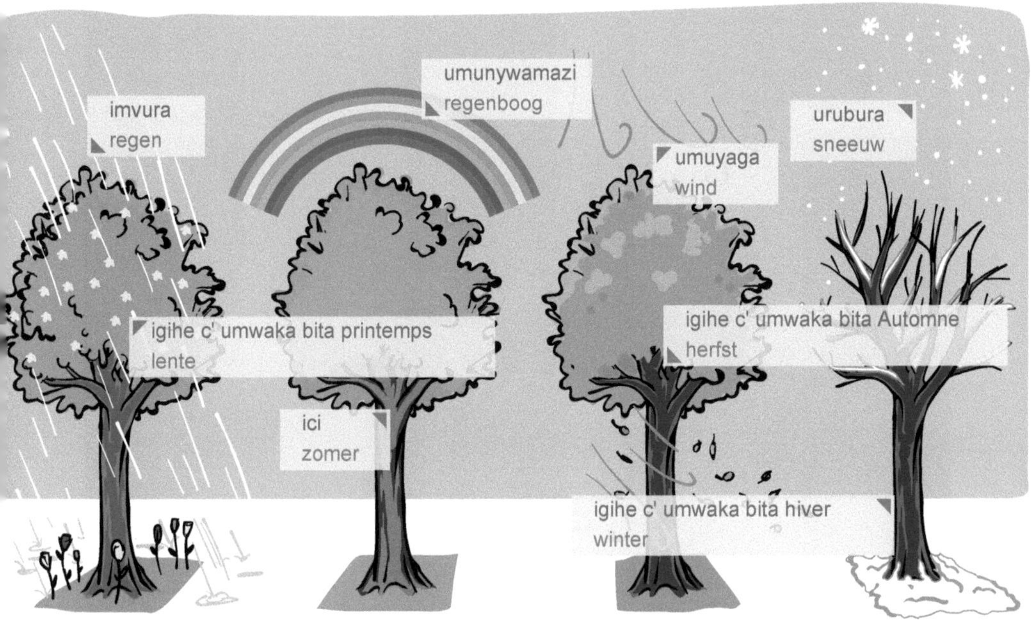

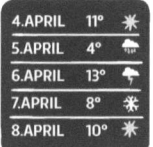

ikirangabihe

weervoorspelling

F C
120 40
90 30
60 20
30 10
0 0
-30 -10
-20

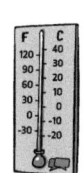

igipima ubushuhe bw' umubiri

thermometer

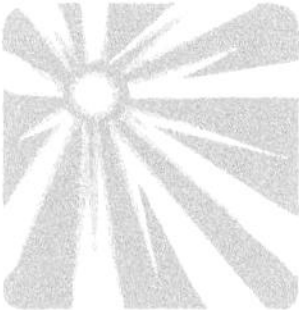

ubuseruko bw' izuba

zonneschijn

igicu

wolk

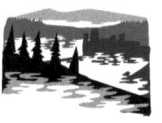

igipfungu

mist

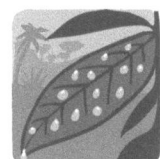

ifira

vochtigheid

umuravyo

bliksem

inkuba

donder

igihuhusi

storm

urubura

hagel

igihuhusi bita mousson

moesson

umwuzure

overstroming

ibarafu

ijs

nzero

januari

ruhuhuma

februari

ntwarante

maart

ndamukiza

april

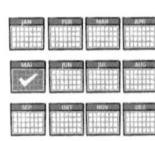

rusama

mei

ruhenshi

juni

mukakaro

juli

myandagaro

augustus

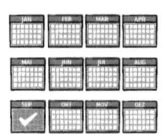

nyakanga
september

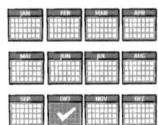

gitugutu
oktober

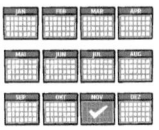

munyonyo
november

migarama
december

forume geometrike

vormen

umuzingi
cirkel

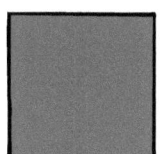

ikwadarato
kwadraat

urikiramende
rechthoek

inyabutatu
driehoek

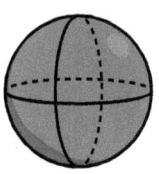

umubumbe
bol

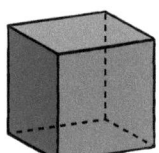

agasandugu
kubus

ibara ryera

wit

ibara ry' umuhondo

geel

ibara risa n' umucungwe

oranje

ibara rya rose

roze

ibara ritukura

rood

ibara rya mauve

paars

ibara ry' ubururu

blauw

ibara ry'icatsi kibisi

groen

ibara ry' igihogo

bruin

ibara rya gris

grijs

ibara ryirabura

zwart

vyinshi / bikeyi

veel / weinig

washavuye / utekereje

boos / kalm

mwiza / mubi

mooi / lelijk

intanguriro / iherezo

begin / einde

kinini / gitoyi

groot / klein

gikeye / cijimye

licht / donker

musaza w' umuntu / mushiki
w' umuntu

broer / zus

gisukuye / gicafuye

proper / vuil

gikwiye / gicagatiye

volledig / onvolledig

umunsi / ijoro

dag / nacht

wapfuye / ariho

dood / levend

cagutse / caga

breed / smal

kiryoshe / kibishe

eetbaar / oneetbaar

umutima mubi / umutima mwiza

kwaadaardig / vriendelijk

anezerewe / arambiwe

opgewonden / verveeld

kivyibushe / conze

dik / dun

cambere / canyuma

eerst / laatst

umugenzi / umwansi

vriend / vijand

cuzuye / kiri gusa

vol / leeg

kigumye / coroshe

hard / zacht

kiremereye / gihwahutse

zwaar / licht

inzara / inyota

honger / dorst

arwaye / akomeye

ziek / gezond

cemewe n'amategeko / kitemewe n'amategeko

illegaal / legaal

incabwenge / ikijuju

intelligent / dom

ibubamfu / iburyo

links / rechts

hafi / kure

dichtbij / veraf

gishasha / gishaje

nieuw / gebruikt

ntaco / kiriho

niets / iets

umutama / urwaruka

oud / jong

kwatsa / kuzimya

aan / uit

kugurura / kugara

open / dicht

gitekereje / gifise urwamo

stil / luid

umutunzi / umukene

rijk / arm

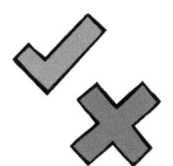

nivyo / sivyo

juist / fout

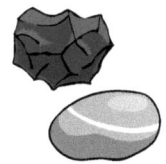

kigoramye / kigororotse

ruw / glad

ashavuye / anezerewe

droevig / blij

kigufi / kirekire

kort / lang

kigenda bukebuke / kinyaruka

traag / snel

gitose / cumye

nat / droog

gishushe buhoro / gikanye buhoro

warm / koud

intambara / amahoro

oorlog / vrede

0

ubusa

nul

1

rimwe

één

2

kabiri

twee

3

gatatu

drie

4

kane

vier

5

gatanu

vijf

6

gatandatu

zes

7

indwi

zeven

8

umunani

acht

9

icenda

negen

10

cumi

tien

11

cumi na rimwe

elf

12

cumi na kabiri

twaalf

13

cumi na gatatu

dertien

14

cumi na kane

veertien

15

cumi na gatanu

vijftien

16

cumi na gatandatu

zestien

17

cumi n' indwi

zeventien

18

cumi n' umunani

achtien

19

cumi n' icenda

negentien

20

mirongo ibiri

twintig

100

ijana

honderd

1.000

igihumbi

duizend

1.000.000

umuriyoni

miljoen

Icongereza

Engels

Icongereza co muri Amerika

Amerikaans Engels

Mandare kivugwa mu bushinwa

Chinees (Mandarijn)

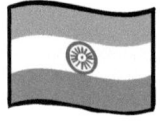

Igihinde

Hindi

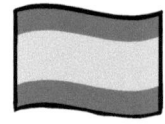

Ikispaniya

Spaans

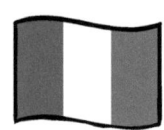

Igifaransa

Frans

Icarabu

Arabisch

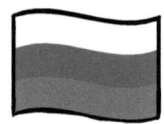

Ikirusiya

Russisch

Igiporitigare

Portugees

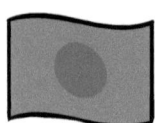

Ikibengare

Bengali

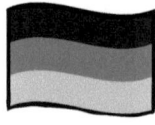

Ikidage

Duits

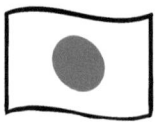

Ikiyapani

Japans

jewe

ik

wewe

u

we / we / co

hij / zij / het

twebwe

wij

mwebwe

u

bo

ze

inde?

wie?

iki?

wat?

gute?

hoe?

hehe?

waar?

ryari?

wanneer?

izina

naam

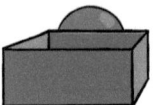

inyuma ya

achter

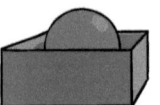

indani ya

in

imbere ya

voor

hejuru ya

boven

ku

op

munsi ya

onder

mu mbavu ya

naast

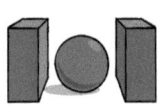

hagati ya

tussen

ikibanza

plaats